QUESTIONS **6/9** ans RÉPONSES

Les dinosaures

Première édition :
Copyright © Kingfisher Books, Grisewood & Dempsey Ltd,
1994
Auteur : Rod Theodorou
Illustrations : Chris Forsey ; Tony Kenyon
(B.L. Kearley) pour les dessins humoristiques.

Édition française :
Copyright © 1994 Éditions Nathan, Paris
Copyright © 2005 NATHAN pour la présente édition
Traduction et adaptation : Isabelle Bourdial
N° éditeur : 10118367
ISBN : 2-09-250588-2

Pour l'édition canadienne :
ISBN : 2-7625-7653-9
Copyright © 1994 Les éditions Héritage inc.

Composition : PFC-Dole
Dépôt légal : Février 2005

Conforme à la loi n° 49-956
du 16 juillet 1949
sur les publications destinées
à la jeunesse.

Imprimé à Taïwan

SOMMAIRE

Combien y a-t-il eu de dinosaures ?

Les scientifiques ont identifié plus de 600 espèces de dinosaures, regroupées en 30 familles. Et ils continuent d'en découvrir de nouvelles. Certains dinosaures étaient énormes, d'autres minuscules. Quelques-uns étaient de féroces carnivores, beaucoup d'autres de paisibles herbivores brouteurs de plantes.

Apatosaure (herbivore)

Spinosaure (carnivore)

Iguanodon (herbivore)

Stygimoloch (herbivore)   Panoplosaure (herbivore)   Oviraptor (carnivore)   Styracosaure (herbivore)

● Les dinosaures étaient des reptiles, comme les lézards, les crocodiles, les tortues et les serpents aujourd'hui.

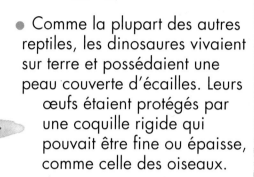

● Comme la plupart des autres reptiles, les dinosaures vivaient sur terre et possédaient une peau couverte d'écailles. Leurs œufs étaient protégés par une coquille rigide qui pouvait être fine ou épaisse, comme celle des oiseaux.

Quand vivaient les dinosaures ?

Les dinosaures ont vécu il y a des millions d'années. Les premiers apparurent il y a environ 230 millions d'années et les derniers que nous connaissons moururent il y a 65 millions d'années. En comparaison, l'histoire de l'homme est très courte : il n'existe que depuis 5 millions d'années.

● Les dinosaures ont régné sur la Terre pendant une période extrêmement longue qui a duré 165 millions d'années.

Kentrosaure (herbivore)

Pourquoi le tyrannosaure avait-il de grandes dents ?

Le tyrannosaure était un gigantesque carnassier. Bien d'aplomb, du haut de ses 6 mètres, il était trois fois plus grand qu'un ours grizzly. Sa gueule était assez large pour t'avaler tout entier.

● Plusieurs scientifiques estiment que le tyrannosaure pouvait faire des pointes de vitesse à 50 km/h lorsqu'il pourchassait ses proies.

● Voici une dent de tyrannosaure grandeur nature. Ses bords crénelés l'aidaient à déchiqueter la viande.

Le tyrannosaure, roi des dinosaures ?

Il y a peut-être eu des carnivores encore plus puissants que le tyrannosaure, par exemple le deinocheirus (à droite). On doit se contenter d'imaginer à quoi il pouvait bien ressembler car on n'a retrouvé de lui que ses pattes avant griffues. Leur taille dépasse celle d'un homme, ce qui laisse supposer que l'animal devait être gigantesque.

● Le mot « tyrannosaure » signifie « lézard tyran » ; un tyran est un roi cruel.

Carnotaure   Dilophosaure   Cératosaure

● Les trois dinosaures de gauche étaient proches du tyrannosaure, mais de plus petite taille.

Quel dinosaure poignardait ses victimes ?

Le deinonychus était un tueur aussi rapide que redoutable. Il possédait des dents effilées et des doigts crochus très efficaces pour saisir et lacérer. Mais son arme maîtresse était la longue griffe en forme de faucille qu'il portait à chaque pied. Quand un deinonychus attaquait, sa griffe jaillissait en avant comme un poignard.

● Le nom « deinonychus » signifie « terrible griffe ».

● Le vélociraptor ressemblait beaucoup au deinonychus. Son nom veut dire « voleur rapide ».

● Les deinonychus chassaient probablement en bande, pour s'attaquer à des dinosaures beaucoup plus gros qu'eux. Les loups procèdent ainsi pour chasser l'élan. L'un d'eux attire l'attention du gros ruminant tandis que les autres loups de la meute l'encerclent avant de l'attaquer tous ensemble.

Pourquoi l'iguanodon levait-il les pouces ?

L'iguanodon était un immense herbivore impressionnant et pacifique. Mais il possédait deux énormes éperons en guise de pouce dont il se servait probablement en cas d'attaque pour repousser ses assaillants.

Quel dinosaure allait à la pêche ?

● Le baryonyx a bien failli servir à bâtir un mur. Ses os furent trouvés dans une carrière dont on extrayait de l'argile pour faire des briques.

Le baryonyx avait des griffes encore plus puissantes que celles du deinonychus mais il était beaucoup trop massif pour se redresser sur ses pattes arrière et s'en servir comme d'une arme. Il devait plutôt les utiliser pour attraper les poissons dans la rivière, comme le grizzly aujourd'hui.

Quel était le plus grand des dinosaures ?

Le brachiosaure :
12 mètres de haut,
22,5 mètres de
long, 45 tonnes

Le brachiosaure était gigantesque. S'il vivait encore aujourd'hui, il aurait dépassé un immeuble de quatre étages. Il était si grand que tu aurais dû t'étirer pour atteindre ses genoux. Mais les scientifiques ont découvert quelques os appartenant à un dinosaure « à long cou » encore plus impressionnant : l'ultrasaure, qui devait dépasser 30 mètres de longueur.

● Même si le diplodocus faisait partie des plus grands dinosaures, il possédait une tête minuscule, à peine plus grosse que celle d'un cheval.

● Ci-dessus trois dinosaures géants à côté du plus gros animal terrestre actuel : l'éléphant d'Afrique.

● Les dinosaures « à long cou » appartiennent à la famille des sauropodes. Leur cou leur permettait d'atteindre la cime des arbres et d'en déguster les feuilles, inaccessibles aux autres herbivores.

● Les plus grands dinosaures comme le brachiosaure pouvaient vivre plus d'un siècle.

Le diplodocus : 26 mètres de long, 10 tonnes

Quel était le plus petit dinosaure ?

Le compsognathus est le plus petit dinosaure connu. Pas plus gros qu'un poulet, il pourchassait insectes et lézards, dressé sur ses pattes arrière.

L'apatosaure : 21 mètres de long, 30 tonnes

Les dinosaures pondaient-ils des œufs ?

Oui, les dinosaures étaient ovipares, comme les reptiles actuels. Les femelles pondaient dans des nids aménagés à même le sol. Les œufs de dinosaure étaient de taille et de forme variées.

● Le plus gros œuf jamais trouvé appartenait à un sauropode appelé hypsélosaure. L'œuf est seulement cinq fois plus haut qu'un œuf de poule.

● Les premiers œufs de dinosaure – pondus par une maman protocératops – furent trouvés en Mongolie, vers 1920. En 1993, on a encore découvert des œufs de dinosaure en Argentine.

Mère maiasaure et ses petits

● Les sauropodes prenaient également soin de leurs petits. Ils vivaient en communauté. Quand le troupeau se déplaçait, les jeunes, réunis au centre du groupe, étaient encadrés par les adultes.

● Les maiasaures nichaient en colonie, comme beaucoup d'oiseaux de mer aujourd'hui.

Quel dinosaure était une « bonne mère » ?

En 1978, une pouponnière avec des nids, des œufs et même des bébés dinosaures a été découverte. On sait donc qu'après l'éclosion des œufs, les adultes, que l'on a appelés maiasaure (« bonne mère lézard ») s'occupaient des petits pendant plusieurs mois.

Les dinosaures savaient-ils nager ?

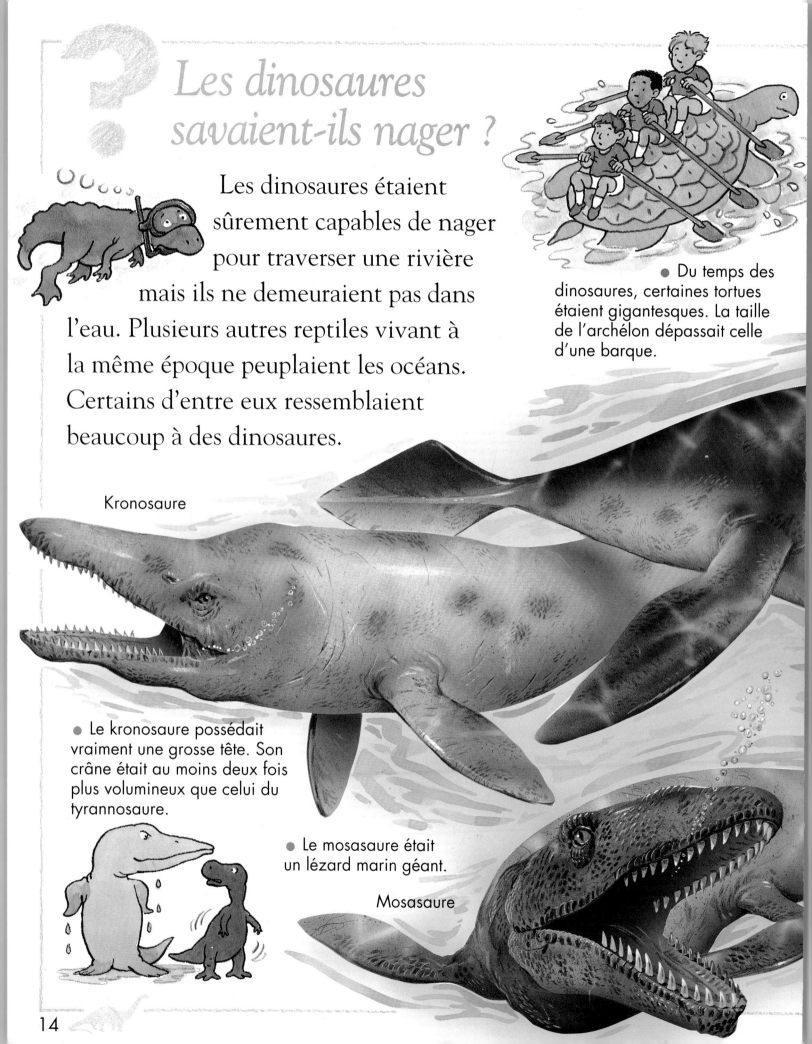

Les dinosaures étaient sûrement capables de nager pour traverser une rivière mais ils ne demeuraient pas dans l'eau. Plusieurs autres reptiles vivant à la même époque peuplaient les océans. Certains d'entre eux ressemblaient beaucoup à des dinosaures.

● Du temps des dinosaures, certaines tortues étaient gigantesques. La taille de l'archélon dépassait celle d'une barque.

Kronosaure

● Le kronosaure possédait vraiment une grosse tête. Son crâne était au moins deux fois plus volumineux que celui du tyrannosaure.

● Le mosasaure était un lézard marin géant.

Mosasaure

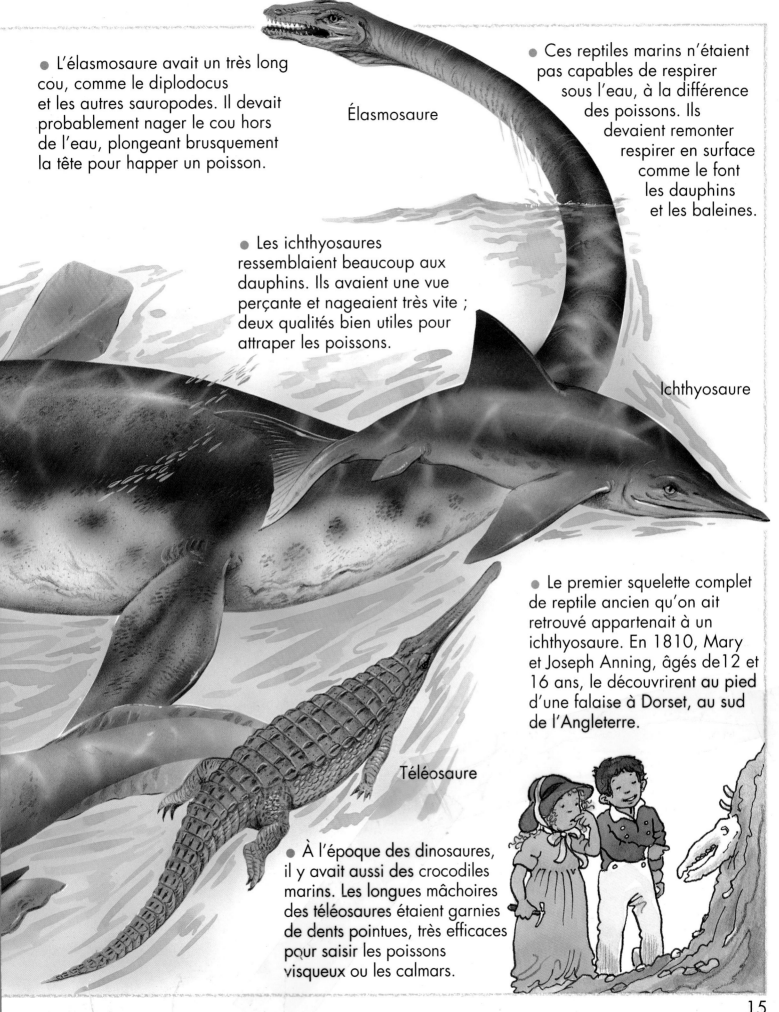

● L'élasmosaure avait un très long cou, comme le diplodocus et les autres sauropodes. Il devait probablement nager le cou hors de l'eau, plongeant brusquement la tête pour happer un poisson.

Élasmosaure

● Ces reptiles marins n'étaient pas capables de respirer sous l'eau, à la différence des poissons. Ils devaient remonter respirer en surface comme le font les dauphins et les baleines.

● Les ichthyosaures ressemblaient beaucoup aux dauphins. Ils avaient une vue perçante et nageaient très vite ; deux qualités bien utiles pour attraper les poissons.

Ichthyosaure

● Le premier squelette complet de reptile ancien qu'on ait retrouvé appartenait à un ichthyosaure. En 1810, Mary et Joseph Anning, âgés de 12 et 16 ans, le découvrirent au pied d'une falaise à Dorset, au sud de l'Angleterre.

Téléosaure

● À l'époque des dinosaures, il y avait aussi des crocodiles marins. Les longues mâchoires des téléosaures étaient garnies de dents pointues, très efficaces pour saisir les poissons visqueux ou les calmars.

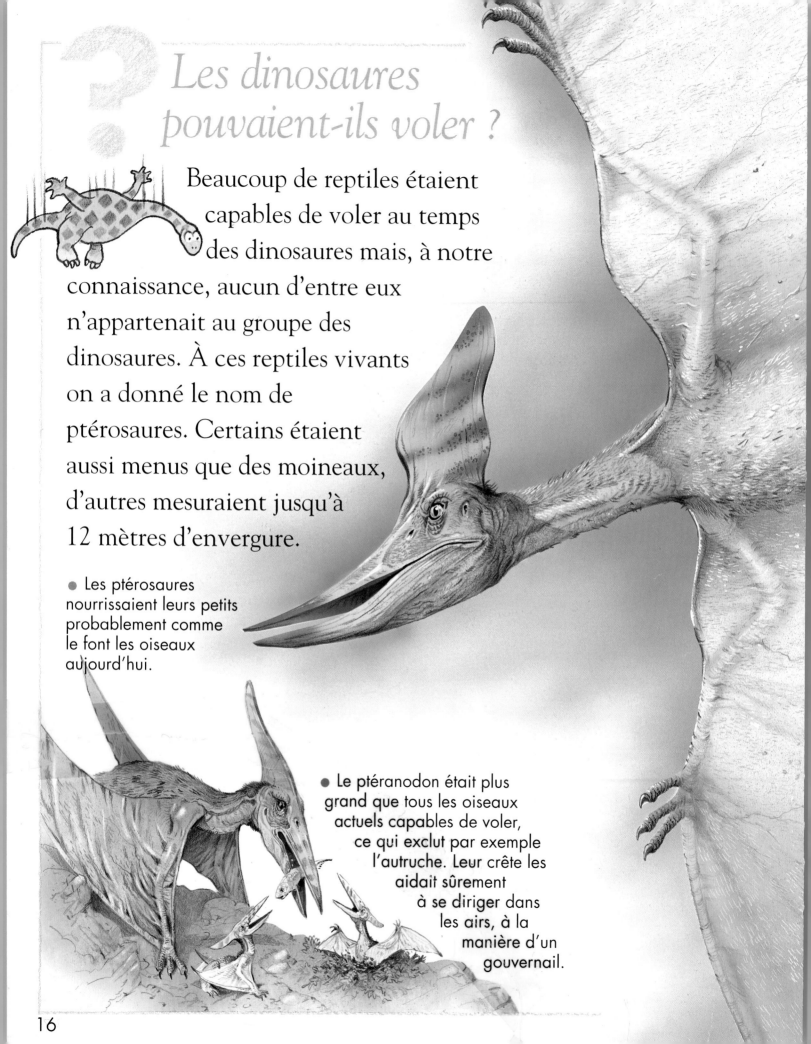

Les dinosaures pouvaient-ils voler ?

Beaucoup de reptiles étaient capables de voler au temps des dinosaures mais, à notre connaissance, aucun d'entre eux n'appartenait au groupe des dinosaures. À ces reptiles vivants on a donné le nom de ptérosaures. Certains étaient aussi menus que des moineaux, d'autres mesuraient jusqu'à 12 mètres d'envergure.

● Les ptérosaures nourrissaient leurs petits probablement comme le font les oiseaux aujourd'hui.

● Le ptéranodon était plus grand que tous les oiseaux actuels capables de voler, ce qui exclut par exemple l'autruche. Leur crête les aidait sûrement à se diriger dans les airs, à la manière d'un gouvernail.

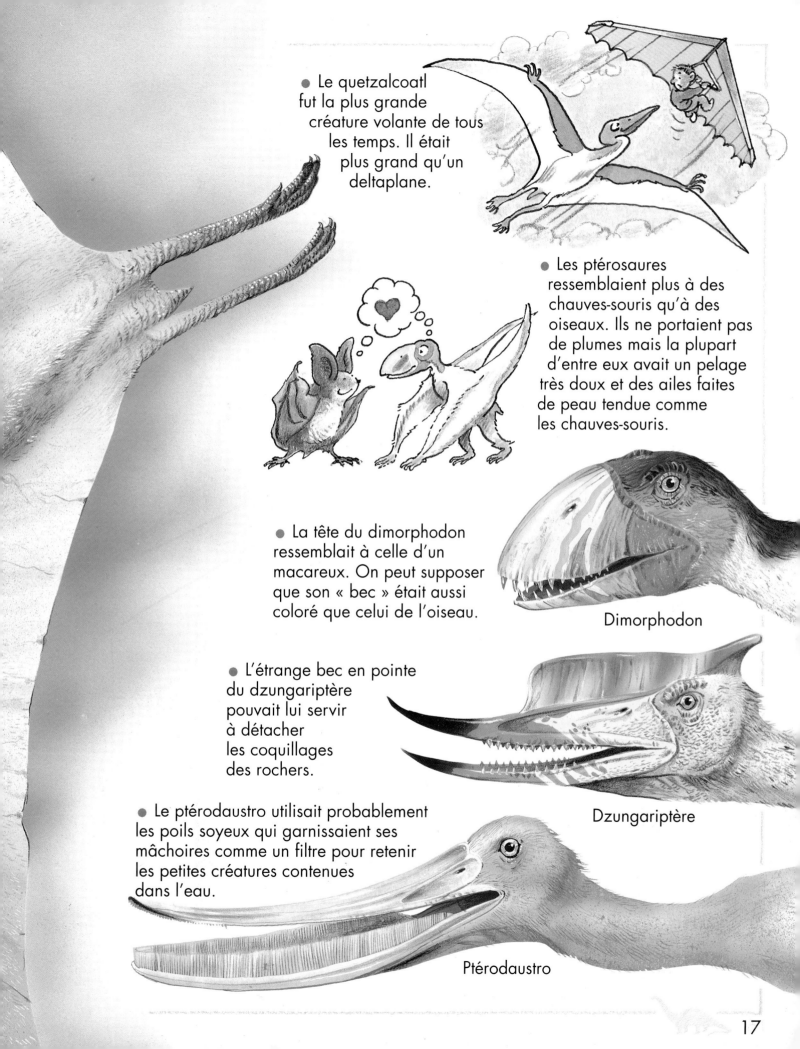

● Le quetzalcoatl fut la plus grande créature volante de tous les temps. Il était plus grand qu'un deltaplane.

● Les ptérosaures ressemblaient plus à des chauves-souris qu'à des oiseaux. Ils ne portaient pas de plumes mais la plupart d'entre eux avait un pelage très doux et des ailes faites de peau tendue comme les chauves-souris.

● La tête du dimorphodon ressemblait à celle d'un macareux. On peut supposer que son « bec » était aussi coloré que celui de l'oiseau.

Dimorphodon

● L'étrange bec en pointe du dzungariptère pouvait lui servir à détacher les coquillages des rochers.

Dzungariptère

● Le ptérodaustro utilisait probablement les poils soyeux qui garnissaient ses mâchoires comme un filtre pour retenir les petites créatures contenues dans l'eau.

Ptérodaustro

17

Que faisait le tricératops de ses cornes ?

Le tricératops avait l'air féroce, c'était pourtant un herbivore paisible plus disposé à brouter qu'à se battre. Il utilisait ses trois cornes pointues pour effrayer les carnivores affamés ou pour se défendre contre ceux qui n'hésitaient pas à l'attaquer.

● La famille des cératopsiens regroupait les dinosaures pourvus de cornes et d'une collerette en os protégeant leur nuque.

● De tous les animaux terrestres, le torosaure était celui qui possédait la plus longue tête. Une voiture aurait eu la place de s'y garer.

Centrosaure

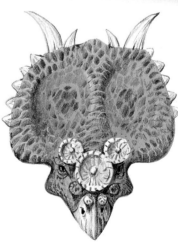

Pachyrhinosaure

● Impossible de stopper un tricératops en train de charger. Il pouvait galoper plus vite qu'un rhinocéros et pesait plus lourd qu'un éléphant d'Afrique.

Quel dinosaure possédait une armure ?

Le cuir épais qui protégeait le dessus du corps des ankylosaures était hérissé de pointes et de fragments d'os.
Une carapace osseuse qui faisait de cette famille de dinosaures des tanks vivants très difficiles à vaincre !

● En cas d'attaque, les ankylosaures devaient se tapir sur le sol pour protéger leur ventre sensible. Les carnivores se cassaient les dents sur l'armure qui recouvrait le dessus de leur corps.

Chasmosaure

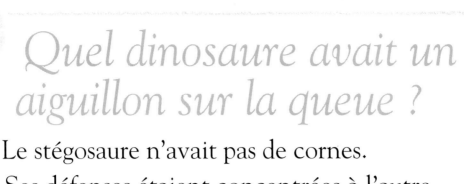

Quel dinosaure avait un aiguillon sur la queue ?

Le stégosaure n'avait pas de cornes. Ses défenses étaient concentrées à l'autre extrémité de son corps. Les longues épines de sa queue n'étaient pas venimeuses comme le dard des abeilles mais elles pouvaient infliger de sérieuses blessures.

● Les plaques dorsales du stégosaure aidaient le dinosaure à contrôler sa température interne : elles transmettaient à son corps la chaleur du soleil ou, au contraire, évacuaient de la chaleur pour le rafraîchir.

● Certains ankylosaures comme les euoplocéphales avaient une queue en forme de crâne. Les prédateurs qui s'avisaient de prendre cette massue pour la tête de leur proie avaient une douloureuse surprise.

● Le diplodocus s'appuyait sur sa queue pour garder l'équilibre quand il se dressait sur ses pattes arrière pour atteindre les plus hautes branches des arbres.

Comme les funambules qui s'aident d'un balancier pour conserver leur équilibre, les dinosaures sur deux pattes tendaient leur queue à l'horizontale quand ils couraient.

Quel dinosaure savait manier le fouet ?

Les sauropodes étaient assez imposants pour tenir en respect la plupart des carnivores. Mais quand un dinosaure comme le diplodocus avait à parer une attaque, il cinglait son adversaire de sa longue queue, véritable fouet.

Les dinosaures savaient-ils chanter

Certains dinosaures à bec de canard jouaient peut-être de la « musique » avec leur tête. Leurs cornes et leur crête étaient creuses comme les tuyaux d'un orgue. Beaucoup de scientifiques pensent qu'en soufflant par le nez, les dinosaures à bec de canard pouvaient émettre des sons caverneux comme ceux d'une corne de brume.

Lambéosaure

Hypacrosaure

● On crut au début que le parasaurolophe utilisait sa longue crête pour respirer sous l'eau. Mais la crête ne possédait aucune ouverture pour laisser entrer l'air.

● Les dinosaures à bec de canard ont été baptisés de la sorte à cause de leur long museau plat qui se termine par un bec rappelant celui du canard. Le nom scientifique de cette famille est hadrosaure.

Corythosaure

Quels dinosaures étaient de fortes têtes ?

Les stégocéras avaient un crâne si solide qu'ils devaient probablement s'affronter à coups de tête. Une couche osseuse très épaisse protégeait leur cerveau à la façon d'un casque de motocycliste.

Parasaurolophe

Est-ce que les dinosaures paradaient ?

● La crête du saurolophe devait soutenir une membrane de peau qui pouvait se gonfler comme un ballon.

De nombreux animaux tentent régulièrement d'impressionner leurs semblables et de se mettre en valeur, spécialement à la saison des amours. On peut penser qu'il en était ainsi au moins pour quelques dinosaures comme les hadrosaures.

Que mangeaient les dinosaures ?

Les dinosaures carnivores n'inscrivaient pas seulement les autres dinosaures à leur menu. Il y avait autour d'eux des tas d'autres créatures à manger : insectes, oiseaux, lézards, petits mammifères ressemblant à des souris… Les dinosaures herbivores mangeaient de jeunes pousses tendres, les racines des plantes et les feuilles des arbres.

● Des dinosaures comme le psittacosaure avaient un bec corné aussi efficace que des dents pour mâcher les plantes coriaces.

Quels dinosaures possédaient des centaines de dents ?

Les hadrosaures avaient une multitude de petites dents disposées en rangs serrés. Quand ils mastiquaient, leurs dents fonctionnaient comme une râpe à fromage.

Pourquoi des dinosaures avalaient-ils des cailloux ?

Certains dinosaures avalaient de petites pierres qu'ils gardaient dans leur estomac comme le font les oiseaux dans leur gésier. Ces petits cailloux agissaient un peu comme des dents en broyant ce que l'animal mangeait.

● En étudiant les crottes fossilisées de dinosaure qui contiennent des traces de nourriture, on arrive à déterminer le régime de leur propriétaire.

Quel dinosaure volait les œufs des autres ?

L'oviraptor avait un bec puissant et deux pointes au niveau de son palais, en guise de dents. Il s'en servait pour perforer les œufs des autres dinosaures dont il faisait son déjeuner. Les grosses griffes de ses pattes avant lui permettaient de saisir les œufs.

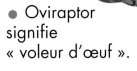

● Oviraptor signifie « voleur d'œuf ».

Comment sait-on à quoi ressemblaient les dinosaures ?

Les scientifiques doivent jouer les détectives pour trouver à quoi ressemblaient les dinosaures. Les principaux indices qu'ils recueillent sont les os fossiles avec lesquels ils reconstituent des squelettes entiers. Les fossiles sont les restes minéralisés (transformés en pierre) des animaux et des plantes qui ont péri il y a très longtemps.

● Assembler des fossiles de dinosaure c'est un peu comme faire un puzzle, il est facile de se tromper. Quand les paléontologues découvrirent les restes de l'iguanodon, ils pensèrent que l'éperon qui lui tient lieu de pouce se plaçait sur son nez.

COMMENT LES FOSSILES SE FORMENT-ILS ?

1 Le cadavre d'un dinosaure repose sur le sable ou la vase, par exemple au fond d'une rivière. Des sédiments le recouvrent peu à peu.

2 Les parties molles de son corps se décomposent, ne laissant que les parties dures comme les os.

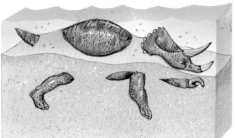

● Une fois le squelette monté, les scientifiques étudient comment les muscles étaient attachés sur les os et ils reconstituent toute la musculature.

● Puis ils recouvrent le corps d'une peau épaisse, ce qui permet de voir à quoi le dinosaure ressemblait.

● Ils déterminent le poids et l'allure des dinosaures en mesurant la profondeur et l'espacement de leurs empreintes fossilisées dans le sol.

3 Au bout de plusieurs millions d'années, les restes du dinosaure se sont transformés en pierre.

De quelle couleur étaient les dinosaures ?

La couleur des dinosaures reste un mystère. Les lambeaux de peau fossilisés révèlent seulement que cette peau était constituée d'écailles.

Comment découvrir un fossile de dinosaure ?

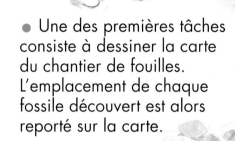

Les fossiles de dinosaures sont souvent pris dans la roche et doivent donc être dégagés. Il arrive qu'on en trouve par hasard mais la plupart des fossiles sont découverts par des scientifiques qui effectuent des fouilles dans des endroits bien choisis. Ils connaissent les roches susceptibles d'abriter des fossiles de dinosaures.

● Une des premières tâches consiste à dessiner la carte du chantier de fouilles. L'emplacement de chaque fossile découvert est alors reporté sur la carte.

● On trouve généralement des fossiles dans certains types de roches : sédimentaires, argileuses ou calcaires.

● Dégager un squelette entier peut prendre des semaines, des mois, voire des années.

● Plusieurs dinosaures portent officiellement le nom de la personne qui les a découverts.

● On photographie la disposition exacte de tous les os mis à nu. Les photos peuvent aider les scientifiques à reconstituer le squelette.

● Les découvertes doivent souvent être transportées par camionnette sur un terrain accidenté et cahotique.

● Chaque fossile est recouvert d'une couche de plâtre destinée à le protéger des chocs.

● Les dinosaures reposent la plupart du temps en pleine nature, à des kilomètres d'un village ou d'une route. L'équipe de chercheurs doit bien souvent camper à proximité du chantier de fouilles.

Où trouve-t-on des dinosaures ?

Les dinosaures vivaient partout sur la Terre. Leurs fossiles ont été trouvés dans des endroits aussi éloignés que les États-Unis et la Chine, la France et l'Antarctique...

Qu'est-il arrivé aux dinosaures ?

Un événement surprenant s'est produit il y a 65 millions d'années. Les trois quarts des espèces vivant sur la Terre ont disparu, et avec elles, tous les dinosaures. Personne ne sait exactement ce qu'il s'est passé.

● Une éruption volcanique très importante pourrait avoir bouleversé le climat de notre planète, ce qui aurait été fatal aux dinosaures.

● Autre hypothèse : un gros astéroïde venu de l'espace aurait percuté la Terre, soulevant d'épais nuages de poussière qui auraient obscurci le ciel. Privées de la lumière et de la chaleur du soleil, la plupart des plantes vertes auraient dépéri. Les herbivores auraient alors succombé de froid et de faim, bientôt suivis par les carnivores.

● Certains pensent que des reptiles marins comme l'élasmosaure ont survécu à la catastrophe. Leurs descendants vivraient toujours au fond de grands lacs comme le fameux Loch Ness, en Écosse...

● L'archéoptéryx est souvent présenté comme le chaînon entre les dinosaures et les oiseaux. Cet oiseau primitif pourvu de dents, d'une longue queue et de serres puissantes vivait il y a 140 millions d'années.

Reste-t-il encore des dinosaures en vie ?

Même si les derniers dinosaures ont disparu il y a 65 millions d'années, nous côtoyons leurs descendants tous les jours. La majorité des scientifiques pensent que les oiseaux se sont développés à partir de quelques dinosaures, en raison des fortes ressemblances de leur squelette. Le merle qui a bâti son nid dans ton jardin a peut-être eu pour ancêtre un dinosaure !

Index